MW01633667

érase una
MUJER

Érase una mujer
ISBN: 978-958-52681-9-7

4ª edición, agosto de 2020, 2000 ejemplares
2ª reimpresión de la 3ª edición, febrero de 2019, 2000 ejemplares
1ª reimpresión de la 3ª edición, enero de 2017, 1500 ejemplares
3ª edición, octubre de 2016, 1000 ejemplares
2ª edición, mayo de 2015, 2700 ejemplares
1ª edición, marzo de 2015, 1000 ejemplares

www.luabooks.com
Bogotá D.C., Colombia

Textos: Vera Carvajal
Ilustraciones: Lizardo Carvajal

Dirección editorial: Maria Luisa Marmolejo
Corrección de estilo: Melisa Restrepo Molina, Mario Carvajal, Karol Nieto.
Diagramación: Daniel Millán
Coordinación administrativa: Julieta Montaña.

Impreso por Multi-impresos S.A.S.
Impreso en Colombia - *Printed in Colombia*

Prólogo de
Florence Thomas

Escrito por
Vera Carvajal

Ilustrado por
Lizardo Carvajal

"En el teatro de la memoria,
las mujeres son sombras ligeras..."

Georges Duby y Michelle Perrot

Éranse veintidós historias de mujeres: veintidós historias que atraviesan el tiempo y el espacio; veintidós historias emblemáticas que fueron escogidas entre muchas otras posibles. Historias que andan por el mundo y surcan los siglos y que nos devuelven la certidumbre de que siempre las mujeres estuvieron de alguna manera presentes en el mundo, a veces calladas, otras veces ocultas, a menudo controladas, casi siempre sumisas a culturas patriarcales que buscaron la manera de silenciarlas y mandarlas al patio de atrás. Probablemente para no tener que enfrentar ese poder cósmico que tienen ellas de dar la vida, y que ellos no logran asumir. Y no solo de dar la vida sino de cuidarla, de hacerla fluir a como dé lugar y finalmente de lograr vencer el desorden, el caos y la desolación generada por las miles de guerras de los hombres.

Érase una mujer, un libro espléndidamente ilustrado con veintidós mamushkas, una por cada historia. Un libro que nos muestra que hay miles de maneras de escribir una historia de las mujeres, de las mujeres del mundo, una historia que nos recuerda su fantástica soberanía –destinadas tradicionalmente a la soledad de la reproducción materna– cuando se atreven a enfrentar un mundo hostil y nunca pensado para ellas, cuando resuelven tomar la palabra, empujar la puerta de sus castillos para huir de la sombra de lo doméstico, usar la extraña magia de su piel olorosa, volver lo imposible posible o revivir una memoria que no se puede perder, a veces inventándse pociones que trastornan a los hombres, pero siempre para recordarnos que ese mundo es mixto, es plural y que la humanidad sin ellas hubiera naufragado inexorablemente.

Hoy, y después de siglos de silencio, existen múltiples historias de las mujeres. Sin embargo, ese largo silencio indica que la pregunta de saber si su historia tenía algo de interesante carecía de sentido y ni siquiera se planteaba. Además, ¿qué se podía saber de las mujeres y a quién le interesaba escucharlas cuando manifestaban tener algo que decir? Recordemos que las mujeres, con algunas excepciones que justamente son las que se recogen en *Érase una mujer*, no tenían ni cuerpo ni palabra. Ya nos lo había dicho Georges Duby, ese gran historiador que trató de encontrar algunas de ellas en los tiempos de las catedrales, cuando nos prevenía que teníamos que resignarnos, pues lo único que pudimos captar de lo femenino durante mucho tiempo fue solo a través de la mirada de los hombres. No obstante, y a medida que algunas lograron tener acceso al saber, las más cultas se atrevieron a escribir, arriesgando a veces sus vidas, pues efectivamente *Las mujeres que escriben también son peligrosas*, como nos lo recuerda el título de un bello libro que descubre la vida de mujeres sabias, cultas y escritoras, a lo largo de muchos siglos; mujeres a menudo desconocidas para el gran público e incluso amordazadas en la mayoría de los manuales o compendios de literatura universal.

En ese sentido, *Érase una mujer* tiene la particularidad de presentarnos la historia de veintidós mujeres, desde las cuatro esquinas del mundo, quienes reafirman con valentía y una fuerza y sabiduría inusitadas, un amor a la vida que toca a la locura; tal vez lo que llamamos hoy una ética del cuidado de la vida. Ahí, encontramos las transgresoras de los edictos y mandatos de una cultura patriarcal en relación con el deber ser de las mujeres; encontramos las eternas víctimas de las miles de guerras generadas por la devastadora locura de los hombres; las madres y abuelas que no logran perder la esperanza de volver a abrazar a sus hijos o nietos desaparecidos; las valientes revolucionarias de muchas revoluciones; las que no dudaron en reclamar pan y rosas para obtener mejores condiciones de trabajo en las fábricas; otras, más sabias que los sabios, quienes conocieron los misterios del universo y sus estrellas; las brujas quienes por usurpar un poder que no les pertenecía terminaban en la hoguera y, en fin, desde nuestra primera hermana *australopithecus*, Lucy, todo el texto es un homenaje a las mujeres, a todas las mujeres que creyeron en un mejor mundo posible para todas y todos. Por algo la tierra se nombra a menudo como tierra madre y no puede ser sino femenina.

Ojalá este libro se convierta en un texto escolar para bachillerato, un texto que permita investigar cada vez más el tema de la participación de las mujeres; una participación difícil de discernir o de comprender si uno solo se queda en sus palabras. Tal vez en sus silencios y en lo que no lograban decir, está la clave.

Florence Thomas
Bogotá, febrero 2015

España p. 93
Estados Unidos p. 27 p. 35
México p. 87
Nigeria p
Colombia p. 17
Perú p. 55
Argentina p. 23

Noruega p. 63
Rusia p. 31
Grecia p. 99
cia p. 43
Turquía p. 13 p. 59
China p. 49
Irak p. 81
gipto p. 105
Siria p. 69
India p. 75
Etiopía p. 117
Kenia p. 39

La rebelión de las risas

Érase una mujer de sonrisa luminosa.

El tirano creyó ver entre las líneas de algún libro sagrado que la risa de las mujeres ofendía a toda la creación. No dudó por lo tanto, ni un momento, en emitir un mandato supremo en el que prohibía reír a todas las mujeres que habitaban su reino.

—Seré benigno —dijo a todos—: podrán reír en privado, donde no puedan alterar la recta moralidad. Pero si son vistas, escuchadas o hay sospechas de que ríen en público, tendrán un castigo ejemplar.

Las mujeres se miraron entre sí y aguantaron la respiración por un segundo. Sonrieron y después, sin que nadie pudiera impedirlo, rieron. No solo rieron, se carcajearon:

—*Kahkaha, kehkehe, kihkihi, kohkoho, kuhkuhu.*

Fue tanta y tan sonora, que a la risa cantarina de las mujeres se unieron las risas de los girasoles y de las sandías, de las campanas y de las palomas, que se encargaron de transmitir a todos las últimas noticias.

—La risa ha sido prohibida por el tirano: *kahkaha, kehkehe, kihkihi, kohkoho, kuhkuhu* —era la respuesta en todo el reino.

Como es bien sabido, la risa es altamente contagiosa, así que ya no solo reían mujeres, sandías, pájaros, campanas; los hombres comenzaron a reír. Reían con la boca, reían con los ojos, con la panza y con las manos batidas al aire…

—*Kahkaha, kehkehe, kihkihi, kohkoho, kuhkuhu.*

Aun las estrellas de cielos milenarios reían con su titilar.

El tirano, que no se daba por vencido, gritaba desde su pedestal:

—¡Las mujeres no pueden reír! ¡Su risa está proscrita!

Pero todos seguían riendo con cada respiración, ya sin poder escuchar tan necia voz. Reían hasta llorar y rieron de todo y, por supuesto, de sí mismos. Reían también por escrito y en todos los idiomas.

—*¡Hahahaha, hehehehe, hihihihihi, hohohoho, huhuhuhu!…*

—*¡Jajajajaja, jejejejeje, jijijijiji, jojojojojo, jujujujuju!*

Cuando el ataque colectivo de risa fue cesando, el eco de los hechos les siguió haciendo cosquillas por un buen tiempo. Todos terminaron con una felicidad inédita, ingrávida. La risa es rebelión, descubrieron.

Sobra decir que el tirano fue derrocado. Nadie quería que repitiera, por si acaso, su pésimo mal chiste.

En julio de 2014, el Viceprimer Ministro de Turquía, Bülent Arınç, prohibió la carcajada de las mujeres en público. "Las mujeres no tienen que reírse en público porque tienen que ser castas", declaró Arınç.

Como respuesta inmediata, las mujeres turcas no solo rieron sino que se carcajearon aprovechando las redes sociales y los medios de comunicación. En Twitter hubo más de trescientos mil mensajes con el término "*kahkaha*", la palabra turca para "risa"; así como los *hashtags #direnkahkaha*, "la risa de la resistencia" y *#direnkadin*, "mujeres que resisten".

Los muertos de ellas

Érase una mujer que tenía un corazón de paloma.

La mujer que érase una vez había nacido en una tierra vestida con traje verde a orillas de un gran río, el río Magdalena. En las noches de su niñez, el río era un lugar en el que aún se podía escuchar el maternal canto de los manatíes. Pero un mal día, el canto se volvió silencio y tras el silencio llegaron las balas.

—Mamá, ¿será que hay una fiesta? ¿Es pólvora o son balas? —preguntaba.

—Calla y duerme, mi vida —contestaba la madre.

Con el tiempo, mil guerras sucesivas pasaron por la puerta de la mujer que érase una vez. Tantas fueron que la mujer perdió la cuenta. Luego perdió la razón cuando una de estas le arrancó, como un huracán, a su marido.

—Dicen que han encontrado un muerto que bajaba por el río, comadrita —le dijo la vecina que tocó a su puerta—. Lo tienen en la plaza. ¿No será su marido?

En la plaza encontraron a una muchedumbre alrededor del muerto. La mujer que érase una vez se llenó de valentía e indagó con sus ojos el cuerpo inerte, pero no encontró jirón de piel, pelo o camisa conocida. Definitivamente no era él…

Un militar se dirigió a la muchedumbre:

—¿Este muerto es de alguien?

Solo respondió el silencio.

—Cabo, llévelo a la fosa común, que este no es de nadie —ordenó el militar.

—Ese muerto es mío — dijo muy quedito la mujer que érase una vez…

—¿Cómo dice, señora? —preguntó el militar.

—Ese muerto es mío —dijo en voz alta la mujer y lo repitió hasta que la voz le salió en grito.

—Si es suyo… ¿cómo se llama? — Preguntó el militar incrédulo.

—Esteban. Así se llama —a la mujer se unió la vecina.

—Sí, es Esteban, él era pescador, todos comimos de su mano.

—Entonces si es suyo, ¡entiérrenlo! —dijo el militar. Así hicieron las mujeres junto con otras que se les unieron.

Y sin importar bando, procedencia o pasado, le lavaron, le vistieron, le nombraron; le parieron de nuevo, le bautizaron e inventaron una historia feliz y una muerte noble, con nombre y epitafio.

Cada día, la historia comenzaba de nuevo…

—¿Este muerto es de alguien?

Pero en lugar del silencio, contestaban más voces de mujeres que reclamaban el muertao como si fuera de ellas…

—Moisés… este es Moisés, es nuestro… sembraba los mejores plátanos…

Finalmente, los militares ya no preguntaban cuando sacaban del río a los muertos, simplemente los dejaban en la plaza en donde las mujeres les recogían, les lavaban, les vestían; les nombraban, les parían de nuevo, les bautizaban y para ellos inventaban una historia feliz y una muerte noble, con nombre y epitafio.

Las mujeres cada semana prenden velas en el cementerio. No les lloran. Les cantan nanas de agua dulce.

Colombia ha sido escenario en los últimos sesenta años de uno de los conflictos armados más cruentos de la historia reciente. Fuentes oficiales aceptan nueve millones de víctimas por la guerra interna; cifra que es, sin duda, solo un pálido reflejo del terror que han vivido los colombianos.

Sin embargo, así como ha sido escenario de dolor, Colombia ha dado a luz las más conmovedoras historias de esperanza, fortaleza y sublime humanidad.

Puerto Berrío, Antioquia, ha sido testigo de cómo muchos de sus habitantes "hacen suyos" los muertos que trae el río. Allí los cadáveres no identificados son lavados, recogidos, sepultados y rebautizados.

Los hijos de todas

Érase una mujer que decidió salir a buscar a su hijo, el día en que no volvió a casa.

Y fue así como en medio de plazas y avenidas, se encontró con otras madres que, como ella, reclamaban a sus hijos desaparecidos.

—¿Quién ha osado quitarnos el sagrado fruto de nuestro vientre? —muy tristes se preguntaban.

Todos en aquel país sabían la respuesta, pero callaban por miedo. Todos sabían que un gran monstruo había tomado el poder. Todos sabían que aquel monstruo era un tirano cenizo, de muchas cabezas, que odiaba la alegría, el compartir, la igualdad y otros muchos anhelos soleados del corazón humano. Él, y era una certeza, se había llevado a los hijos de estas madres sin dejar más rastro de su existencia que la memoria de quienes les amaban.

—¿Qué hacemos? —se preguntaba la madre con nombre de flor, al igual que las demás madres.

—Queremos a nuestros hijos de vuelta para tomar el mate juntos, antes del desayuno; para celebrar sus cumpleaños; para sentir el olor dulce que se eleva de sus camisas cuando las planchamos —decían. Pero nadie contestaba.

Oponían a las armas de fuego del monstruo, el fuego del amor que sentían por sus hijos. No se acobardaron. Se sumaron la una a la otra y a la otra y a la otra... hasta ser una sola. Así, el hijo de una fue hijo de todas: huesito por huesito, pisada por pisada, huella tras huella, cada hijo fue hijo de todas.

—El otro soy yo — decían mirándose a los ojos, reconociéndose.

Salieron a caminar juntas, se citaron cada jueves en la Plaza de Mayo con los pañales de tela de sus hijos atados en las cabezas. Resistían marchando alrededor del obelisco de la Plaza, en sentido contrario a las manecillas del reloj para echar el tiempo atrás, como por arte de magia, es decir, como por arte de amor.

Las lágrimas de las Madres de la Plaza de Mayo poco a poco se convirtieron en una luminosa ruta de migas que muchos siguieron. El coraje, como la risa, es siempre contagioso. Nunca dejaron de amarrarse al cinto la esperanza: marcharon con fotos de sus hijos, pusieron sus siluetas en cada rincón, hicieron volar pañuelos blancos como palomas mensajeras... y a cada calle y a cada esquina de la ciudad les preguntaron por ellos.

—Uno no sabe, de pronto los han visto pasar.

Nunca se dieron por vencidas. Nadie quería el olvido, todas necesitaban a esos hijos de vuelta. Eran los hijos de todas.

Las madres sobrevivieron al tirano. Y en ellas, sobrevivió invicto el sueño de sus hijos.

Entre marzo de 1976 y diciembre de 1983, Argentina padeció una de las más atroces dictaduras militares en el continente americano. Más de treinta mil desaparecidos, diez mil presos y al rededor de mil quinientos muertos, fueron producto de los operativos de los militares que suspendieron los principales derechos civiles. Las Madres de la Plaza de Mayo siguen luchando cada día por la verdad, la memoria y la justicia, en nombre de sus hijos y de la dignidad humana.

Pan y rosas

Érase una mujer que no tenía más que sus manos para ganar el pan de cada día.

Dueñas de su trabajo, cuando las fábricas se inventaron, las mujeres prestaron sus manos, rápidas como golondrinas, para que los hilos se dejaran tejer con gusto.

Muy pronto, sin embargo, descubrieron que las fábricas no eran los lugares que esperaban. Eran más bien sitios lúgubres, grises, en donde la respiración y las risas eran oprimidas por el tictac de un reloj interminable. Luego, casi sin respiración y sin alegrías, las mujeres se dieron cuenta de que estaban volviéndose invisibles. Comenzaron a notarlo porque una parecía espejo de la otra: cada día era más difícil ver sus siluetas, aun a la luz de las claraboyas de los talleres.

Cuando regresaban a sus casas, las mujeres apenas tenían aliento para cantarles nanas a sus hijos. Ya ni siquiera eran las maestras del arte de zurcir que eran antes, ni siquiera las antiguas canciones les encendían los ojos y sus mejillas palidecían sin remedio.

Cuando estaban a punto de quedar completamente invisibles, una le susurró al oído a la otra:

—¿Te has dado cuenta? Ya casi somos invisibles, pero aún tenemos voz.

—Tenemos voz… Tenemos voz —se decían una a la otra, como una noticia de esperanza. Risitas apretadas en las manos se escuchaban aquí y allá, como brotes de temprana primavera.

Y el jardín floreció con sus voces:

—¡Reducción de la jornada laboral! ¡A igual trabajo igual salario!

Y una vocecita tímida pero firme agregó:

—*Pan y rosas.*

—*¡Pan y rosas!… ¡Pan y rosas!* —repetía el eco del corazón pulsante de más de veinte mil voces unidas.

Y las voces se escucharon en Lawrence, Chicago, Boston, Nueva York… pero no fue una batalla fácil. Mientras más se escuchaban las voces de las mujeres, más fuerte sonaban los pitos, los pistones y las calderas de las fábricas, acompañados de las voces de sus poderosos dueños.

—Si no te gustan las condiciones, hay otras mil detrás de tu puesto. Morirás de hambre si no aceptas nuestras condiciones.

Pero las mujeres no callaron:

—¡Reducción de la jornada laboral! ¡A igual trabajo igual salario! *¡Pan y rosas!*

Resistieron por once semanas hasta que no solo dejaron de ser invisibles, sino que iluminaron la oscuridad de aquellos días como una sola flama roja y rebelde.

El 23 de marzo de 1911, en la ciudad de Nueva York, en un terrible incendio provocado, murieron 123 obreras textiles de la Triangle Shirtwaist Company. Este terrible suceso obligó a cambios decisivos en las leyes y derechos laborales en el mundo. Cada ocho de marzo se conmemora el Día Internacional de la Mujer en honor a la memoria de todas aquellas que soñaron con pan y rosas en nuestras mesas.

El delicado aroma de los claveles rojos

Érase una mujer de un lejano país donde las chicas soñaban con ser princesas de su reino.

No importaba si habían nacido en las barracas de San Petersburgo o de Moscú, todas soñaban con grandes palacios, bailes fastuosos e interminables; terciopelo y marfil, suave lecho; carrozas de oro, súbditos atentos al menor movimiento del dedo índice imperial… ¿acaso un príncipe azul?...

—¡Corre, corre! —decían—. Vienen el zar y su séquito. Agacha la cabeza para saludarle, es el elegido.

Y todos agachaban la cabeza mientras pasaba la caravana del déspota y sus gendarmes.

Había una vez una mujer que vivió en un lejano país en donde las chicas soñaban con ser princesas. Había nacido llena de preguntas.

—¿Por qué la tierra no es para todos?, ¿acaso el sol no sale por igual?, ¿por qué la vida de unos vale más que la de otros?, ¿acaso no somos hechos de la misma arcilla sagrada? —Pero hasta las preguntas eran prohibidas en aquel reino de monarcas y de siervos.

Érase una vez una chica que no soñó más con ser princesa de su reino, el día en que entendió que su corazón era aun más valioso que la espinela roja de la corona del zar.

Había una vez una chica que abrazó el sueño de la libertad y el sueño de la libertad la abrazó a ella con tanta y tan profunda devoción, que no hubo gato negro ni sal derramada, ni espejo roto que parasen su deseo por empuñar su bandera hasta el final. Sus cabellos ondularon en el frente de batalla; sus ojos avisaron, advirtieron; sus manos fueron gasas de cura para los heridos.

No hay revolución que valga la pena si no tiene como guía la luz de la mirada de una mujer. No hay revolución que valga la pena si no tiene una canción con nombre de mujer en los labios de sus soldados. No hay revolución que valga la pena si no nace de la genuina inocencia de quienes creen que la rebelión es un derecho cuando hay un mal gobierno.

Hubo una vez una chica que murió en alguna pradera, en alguna calle, en alguna plaza, en algún sótano, con la convicción de ser abono para un mejor mañana.

Había una vez una chica que no tuvo entierro pomposo ni estatua en la plaza, ni más memoria que la que guarda el delicado aroma de los claveles rojos.

Esta perfectamente podría ser la historia de Tanya, Olya, Lena, Sveta, Irina, Katia, Anya o cualquier nombre de una de las miles de mujeres que han ofrendado su vida en nombre de la libertad, haciendo posible la caída de un tirano en Rusia o en cualquier lugar del mundo. Las mujeres de la Revolución de Octubre obtuvieron, además de otros logros, el reconocimiento de los derechos de las mujeres como parte de su ardua lucha.

La resistencia de la vida

Érase una mujer a quien la voz del viento le susurró benevolencias para la criatura que pronto daría a luz.

—Libre nacerá, liviana alegoría del cielo, mensajera del alba.

Era tiempo de tejer el atrapasueños para la cuna. La mujer tomó la mejor rama de sauce, le dio forma redonda, la decoró con plumas, cuentas y adornos. Y tal como Iktomi enseñó a los primeros hombres en las llanuras, tejió los círculos sagrados de la vida con la sapiencia de una araña milenaria.

—Así los buenos sueños te acompañarán.

Una vez terminado el atrapasueños, no pasaron dos ocasos para que se escuchara el canto del viejo chamán que anunciaba el alumbramiento. Cantó toda la noche hasta que los primeros rayos del Sol dieron paso al misterio sagrado de la vida.

—¡Es una niña! —celebraban las parteras, mientras ungían a madre e hija con las yerbas escogidas.

Pusieron a la niña, tibia aún por el calor del vientre, en el pecho de la madre. El chamán terminó el largo canto y dio gracias por la protección al Gran Misterio: el círculo de la vida felizmente crecía.

—Sichum, Niya, Nagi, espíritu guardián, espíritu de las estrellas, alma inmortal contigo.

La niña creció trenzando su largo cabello negro con historias de batallas entre guerreros valientes y hombres blancos. Historias traídas de boca en boca desde los tiempos en que los bisontes corrían libres en las llanuras.

Cuando llegó el tiempo en que la niña se hizo muchacha y luego mujer, las mujeres mayores le contaron la gran noticia:

—Ahora eres como Madre Tierra: podrás dar vida, traer hijos y deberás educarlos sin olvidar la raíz de tu gente.

La niña que se hizo muchacha y luego mujer, se volvió maestra de la palabra y de la memoria, del *wasna*, de la miel de arce y de la hoguera. Un día dejó que el olor del pino y de la lluvia la abrazaran, se puso en el cabello flores del viento y cuando su vientre tuvo nueve lunas, tejió un atrapasueños. El canto del viejo chamán anunciaría una vez más que el círculo de la vida felizmente crecía.

—Así somos. Así resistimos.

En la campaña de exterminio a los pueblos originarios de América del Norte, los colonos ingleses y posteriormente de los Estados Unidos, ejecutaron genocidios para mermar las poblaciones y reducirlas a pequeños territorios dentro del sistema de las reservas indias.

El pueblo lakota era el pueblo menos numeroso de los sioux y en ellos se dio un bello suceso que desafió el genocidio del que eran víctimas: sus mujeres parieron para resistir. Las estadísticas poblacionales de mediados del siglo XIX así lo demuestran.

Una lluvia de estiércol

Érase una mujer que amando profundamente a su pueblo, soñó con cambiar la tradición.

Su corazón así le hablaba:

—¿Y si hombres y mujeres caminamos juntos?

Su pueblo había recorrido libre por siglos las amplias estepas Masái, los bosques Mau, el Valle Rift… y la tradición seguía inmutable:

—Así lo manda Lengai —decían los ancianos.

Desde niñas, las mujeres masái sabían su porvenir sin que su palabra o voluntad pudiesen cambiarlo. Sus matrimonios habían sido palabreados cuando aún estaban en el seno de sus madres.

Sus madres, sus abuelas, sus tatarabuelas, sus tatara-tatarabuelas y la primera mujer masái de la que guardaban memoria, habían tenido igual destino.

Cuando vino la pubertad para esa mujer que amaba a su pueblo, su sexo fue mutilado para que pudiese ser "buena madre".

Cuando llegó el día de su boda, su cabeza fue rapada y se adornó con bellas telas regaladas por las mujeres de la familia. Salió de la casa de su padre con el fimbo en la mano para indicar que estaba lista para el pastoreo y tal como le habían enseñado, no volteó su vista atrás; no quería convertirse en piedra como lo decía la tradición.

En el camino a la casa de su novio, algunas mujeres le regalaron diez cabritos y tres terneros. Cuando llegó a la casa de su nueva familia, fue recibida con una lluvia de estiércol, como anuncio de la difícil vida que le esperaba. Su novio, al final del camino, le ofrendó leche agria para el banquete, tal como lo hicieron con su madre, su abuela, su tatarabuela, su tatara-tatarabuela y la primera mujer masái de la que guardaba memoria.

Érase una mujer que al filo de la tarde murmuraba al viento. Quizás este podría llegar como mensajero a la hermosa montaña sagrada *Ol'Donyo' Lengai*.

Érase una mujer que amaba profundamente a su aguerrido pueblo, las elegantes danzas de sus hombres, el sol naranja en el horizonte, el sabor de la harina de chapati, la memoria… la memoria.

Érase una mujer que amando profundamente a su pueblo, decidió cambiar la tradición. Su corazón así le hablaba:

—¿Y si hombres y mujeres caminamos juntos?

Un número significativo de mujeres masái
luchan en la actualidad para obtener sus
derechos civiles, acceso a la educación y
un cambio al interior de las tradiciones
que les niegan la soberanía de sí mismas.
Agnes Siyiankoi, entre otras mujeres,
abogan por una nueva tradición en la cual
ceremonias como la de la ablación sean
proscritas de la historia futura:
la que ha de tejerse.

Tribuna o cadalso

Érase una mujer que creyó en un sueño.

La mujer descamaba los pescados en la plaza de mercado cuando escuchó, por primera vez juntas, las palabras *¡Libertad, igualdad, fraternidad!* Los jóvenes iban con sus bocas llenas de ideales y sus frentes coronadas de utopías. Los discursos eran ríos crecientes y caudalosos que alimentaban las ganas de justicia.

La mujer celebró la buena nueva, no conocía de teorías pero sabía con certeza que la libertad tenía rostro y pechos de mujer y así, se unió con fervor a la causa. Ella también quería al monarca tirano fuera del poder y de su propio destino. Estaba ávida de cambios, y 'revolución' era una palabra que repicaba como campana al viento en su apasionado corazón.

No dudó en empezar a lucir con arrojo cintas tricolores en sus cabellos. Coronó su cabeza con el gorro frigio e incluso, osada, se puso pantalones rojos. No sabía escribir pero encontró su propio acento para pronunciar 'democracia', 'república', 'derechos', 'ciudadano', *¡Libertad, igualdad, fraternidad!*

Estuvo presta a arengar en las plazas, siempre en el centro de la multitud, junto a las otras pescadoras del mercado central, las temidas *poissardes*, armadas con cuchillos, por si era necesario. Encontró su sitio también en las barracas y estuvo dispuesta a entregar su vida. Pero no fue necesario porque vio caer la Bastilla, tal como cayeron las aristocráticas cabezas en las guillotinas. La revolución había triunfado.

Pasaron los días y la mujer esperaba con júbilo cada mañana. Fue a la plaza de nuevo, esta vez para escuchar la *Declaración de los Derechos del Hombre y del Ciudadano*, y aplaudió fervorosamente, pero después, indignada, se formuló la misma pregunta que muchas de las otras mujeres que lucharon se hacían:

—¿Cuando dicen "hombres", quieren decir "hombres y mujeres"? Y a nosotras entonces, ¿qué nos toca?

Las puertas de los nuevos palacios nunca se abrieron para las peticiones de las mujeres. Los hombres, embriagados de poder, consideraron excesivas esas peticiones:

—¿Desde cuándo les está permitido a las mujeres abjurar de su sexo y convertirse en hombres? ¿Desde cuándo es decente ver a las mujeres abandonar los cuidados devotos de su familia? ¡Hay deberes que la naturaleza les ha impuesto solamente a los hombres!

Una mujer valiente y letrada respondió a la *Declaración de los Derechos del Hombre y del Ciudadano* con la *Declaración de los Derechos de la Mujer y la Ciudadana*:

—Hombre, ¿eres capaz de ser justo? Una mujer te hace esta pregunta.

—Léeme, tú que puedes, este nuevo manifiesto —pedía la mujer a su hija.

Pero en los días que siguieron, el Tribunal Revolucionario condenó a morir en la guillotina a un gran número de mujeres, entre ellas a la mujer valiente y letrada.

—La mujer que tiene el derecho de subir al cadalso debe tener también el derecho de subir a la Tribuna —fueron sus últimas palabras.

—Semilla eres, mujer. Semilla de tus sueños —decía a lo lejos la mujer que luchó por la Libertad, la Igualdad y la Fraternidad.

La Ilustración legó consigo los principios de Igualdad y Libertad. Un gran número de mujeres participó comprometidamente en la Revolución Francesa, entre ellas, figuras famosas como la escritora y política Olympie de Gouges. Pero también mujeres anónimas como las *poissardes*, las temibles pescaderas de los mercados centrales, que eran conocidas por ser fornidas y temerarias, armadas con cuchillos para cortar pescado. Esas mujeres son símbolos de la lucha de la mujer por el reconocimiento como ciudadanas y sujetos de derechos civiles y políticos.

Un burro para regresar a casa

Érase una mujer que tomó el lugar de su padre para ir a la guerra.

Cada noche, la joven mujer se sentaba en el pórtico de su casa con la mirada atenta en el puerto. La aguja silenciosa en sus manos entrelazaba los hilos, mientras sus pensamientos tejían el canto de la memoria de agua que guardan los recuerdos.

Cuando era apenas una chica, el Gran Khan convocó la fuerza de su ejército: cada uno de los hombres de su clan debía dejar sus talleres, sus campos y hogares para convertirse en guerreros del gran Imperio chino.

En su familia no había más hombres que su padre, muy viejo ya para enlistarse. Ir habría sido un acto de honor para él, pero no sobreviviría a la primera batalla.

—No puede existir honor si el máximo honor no es tributo a la vida. Si es deber ir a la guerra, tomaré el lugar de mi padre —pensó en secreto la chica.

Sin mediar palabra, la chica fue al mercado del Este para buscar un buen corcel y al mercado del Oeste para una silla de montar, al del Sur para una brida y al del Norte para un látigo potente.

Al partir de casa, ya no escuchó más el llamado angustioso de sus padres; solo podía escuchar el grito de las aguas del río Amarillo que la guió hasta donde los hombres se pertrechaban.

Miles de hombres iniciaron un terrible viaje de diez mil millas. Cruzaron montañas como si volaran, hasta que las ráfagas del viento del norte les trajeron los sonidos de trueno del ejército enemigo, una y otra vez, en más de un centenar de batallas. Al ganar la guerra, solo el monte Yan lloró a los hombres perdidos.

El lejano e impetuoso palacio del Gran Khan se vistió de gala para condecorar a los héroes. En medio del gran salón rojo, el emperador condecoró a los guerreros más fieros, los de mayor templanza. La chica estaba entre ellos, disfrazada de hombre.

La guerrera había visto tantas veces la luz fría de la muerte, que los rojos espléndidos del palacio avergonzaron su corazón.

—Oh, valiente guerrero. Por tu fiereza y lealtad, todo lo que pidas te será concedido —dijo el emperador a la chica a quien creía guerrero.

—Un burro… un burro prestado para regresar a casa —contestó.

—¿Cómo es posible que después de diez años de guerra, tú, valiente guerrero, solo pidas un burro prestado?

La chica se quitó la armadura y se mostró mujer.

—Gran Khan: soy solo una mujer que quiso defender a su padre enfermo.

Todo el salón enmudeció, era penado con la deshonra que una mujer combatiera al lado de los hombres.

—Que se le dé el burro y se le quiten los demás honores. Su nombre no quedará en la historia del Imperio —dijo el Gran Khan, Hijo del Cielo, retirándose con indignación.

Al llegar a casa, padre y madre esperaban a la chica que se había ido doce años atrás, pero cuando regresó no la reconocieron; era ya otra mujer que al entrar en su casa, recorrió buscándose a sí misma por los rincones: abrió la ventana que daba al Este, tendió la cama al Oeste, descubrió el espejo al Norte, se vistió con ropas de mujer en el Sur y recogió sus cabellos como una nube en sus sienes.

Entre la leyenda y la memoria se encuentra dentro de las odas tradicionales chinas la historia de Hua Mulan, una mujer que disfrazada de guerrero, combatió en el ejército del Imperio para poder salvar la vida de su anciano padre y posiblemente de su hermano, aún niño. *La Balada de Mulán* se compuso en el siglo VI y se conserva gracias a la antología de poemas líricos y baladas hecha por Guo Maoqian en el siglo XI.

La hermosa costumbre de criar

Érase una mujer para la que todo en el universo era pariente cercano.

Para ella, Inti, el Sol, era su Taita, su padre. Y Pachamama, la Tierra, era su madre. Las estrellas eran hermanitas, era evidente que tenían el mismo coqueto titilar en sus ojos.

Todos los seres estaban hechos de la misma esencia amorosa, todos distintos y complementarios, todos necesarios: el agua y el fuego; la luz y la sombra... Todos eran criados por unos y criaban a su vez a otros, así como en familia se cría, se cuida.

Las mujeres gustaban de criar semillas, en especial gustaban de la Madre Maíz, a la que criaron tan amorosamente, que se vistió de todos los colores; no era simple cereal, era madre que alimentaba cuerpo y sueños.

En sus tejidos, las mujeres escribían historias. Historias de sus hijos, de las siembras y las cosechas, historias de las memorias floridas, como las retamas. Solían tejer como arte fino:

—La vida se hace puntada a puntada —decían.

Mientras tejían le hablaban bonito a Madre Coca, le pedían consejo para la salud, para el amor, le preguntaban sobre el futuro.

Pero el futuro llegó con los que venían de ultramar: hombres de corazón opaco, centauros enfurecidos, hambrientos de oro y enceguecidos. Invadieron, saquearon, mataron, envilecieron. Todo cambió.

Fue el tiempo en el que las lágrimas nublaron el titilar de los ojos de las mujeres y de las estrellas. Pachamama recibió en su seno a sus hijos en trozos esparcidos. Era tanta la crueldad que hasta el viento enmudeció.

Pero había una mujer y otra mujer y otra mujer que sabían que todo en el universo era pariente cercano.

—¿Quién amarra al río? ¿Quién silencia al trueno? ¿Quién le impide al sol que alumbre cada mañana?

Los calendarios de los humanos son pequeños al lado de los tiempos del universo, y las mujeres siguieron haciendo lo que sabían hacer: la hermosa costumbre de criar.

Algunas fueron a la batalla junto con sus hombres para seguirlos criando; otras, cuando en sus huacas se edificaron catedrales, siguieron criando a sus huacas: nunca sin flores, nunca sin quintus, nunca sin las dulces notas de las *chayñas*. Vírgenes Pachamamas; santitos *Mallquis*; arcángeles *Apus*.

—Jesús, María y José y toda su cohorte son nuestros ahora también —decían.

Memoria, puntada tras puntada; maicito en mesa, gratitud y coquita en boca. Lo que los invasores creyeron muerto, estaba vivo.

La conquista de España y Portugal en el *Abya Yala*, en el continente americano, costó cincuenta y seis millones de vidas. Las mujeres andinas resistieron junto a sus hombres a la peor barbarie: la que nace en los ojos de la codicia. Entendieron que las verdaderas guerreras no son las que vencen en la guerra, sino las que logran preservar la vida. Gracias al sincretismo hecho con la Iglesia Católica, su cosmovisión sobrevive hasta nuestros días.

La belleza infinita

Érase una mujer que había nacido colmada de belleza.

La joven mujer había sido escogida por un noble aristócrata como regalo para el sultán, quien no dudó, por su incomparable belleza, en hacerla parte de su harén. Pero la joven mujer no fue bien recibida por la mayoría de mujeres. Temían que por su belleza, pronto fuera una de las elegidas para consorte.

La joven mujer lloraba. Extrañaba a su familia y a las praderas de su pueblo.

—¿Por qué lloras, niña? De belleza has sido bendecida, podrás lograr lujos, favores, poder. Tu belleza es tu mejor arma —le dijo una mujer del harén con boca de veneno.

—¿Belleza? ¿Qué es la belleza? —preguntó la joven mujer.

—Eso —respondió la mujer que le hablaba—: ojos y cabellos brillantes, carnes firmes, el brillo de las joyas en tu cuello. Aprovecha: la belleza se acaba.

Una de las mujeres poderosas del harén, celosa de la joven, la envió a la más lejana de las torres del palacio. Sería servidumbre de una anciana, de una mujer silenciosa cuyo rostro estaba siempre cubierto por un fino velo.

Poco se sabía de la anciana mujer: que había sido la más bella entre las bellas del harén. Decían que en honor a su belleza se habían levantado palacios y jardines, que su mirada hacía deslucir al más bello de los diamantes; que dejaba a su paso el más sublime olor a jazmín de noche. Pero su protector había muerto y ahora era solo una vieja en la torre más lejana del palacio.

A la joven mujer le encargaron limpiar los aposentos de la anciana.

—Buenas tardes, gentil señora —saludó.

—Eres bella —dijo la anciana.

—¿Belleza? ¿Qué es la belleza? —preguntó la joven mujer.

La anciana se incorporó y fue hasta la ventana de la habitación.

—Ven aquí —le dijo—. ¿Ves Constantinopla? Es linda, la reina de las ciudades. La más rica y llena de misterios. ¿Ves la mezquita de Süleyman? Es linda, su silueta domina el Bósforo y el Cuerno de Oro. ¿Has visto el Topkapi? Es lindo, en ningún palacio se encuentran tantas joyas, armas y poder. Y sin embargo, te digo, ninguno de ellos contiene la belleza infinita y conmovedora de una gota de agua.

La anciana se quitó el velo del rostro, los arados del tiempo habían dejado su huella, sus ojos sonrieron llenos del sol en el ocaso de esa tarde. El aire estaba impregnado del más sublime olor a jazmín de noche.

Después de la conquista de Constantinopla en 1453 por el sultán Mehmed II, se constituyó uno de los imperios más poderosos de la historia: el otomano.

Como parte de sus costumbres, cada sultán contaba con un harén conformado en su mayoría por mujeres no musulmanas que habían sido entregadas como valioso regalo. El palacio Topkapi llegó a tener trescientas habitaciones destinadas para el harén.

La otra mitad del lecho

Érase una mujer que era dueña
de las llaves de su universo.

La neblina aún estaba baja en el fiordo, en la mañanera hora de partida de los hombres guerreros. Las livianas y hábiles naves izaron sus velas y se deslizaron suaves en el Mar del Norte, mientras las mujeres, los niños y los ancianos alzaban sus manos en señal de adiós.

Al frente de todos, una mujer distinguida por sus llaves al cinto ordenó reanudar los quehaceres. La primavera era corta y la tierra aún conservaba el hielo del largo invierno. La granja era ese pequeño universo que ahora pendía de su mano firme: el arado debía abrir el seno que albergara la cebada, la avena, el centeno que pronto cosecharían para la molienda, los hornos y las bocas hambrientas. Las cebollas, repollos y judías debían brotar pronto. Ya los pastos y las flores amarillas del diente de león anunciaban que era hora de soltar el rebaño a las praderas.

La tregua benevolente del clima era muy breve y todos en la granja dependían del mando y la fortaleza de aquella mujer de llaves al cinto, que guardaba las lágrimas de los adioses como pozos de sus adentros. La mitad de su lecho estaba vacío. También su marido había partido con los guerreros.

Todos en la granja acudían a ella y para todos tenía palabras sabias que atendían la dignidad y la honra de su clan:

—Lleven siempre los vestidos limpios, que se vean decentes; si tienen mucho trabajo que hacer, levántense temprano; no den su amistad a los enemigos de sus amigos; no digan mentiras; no engañen; sean honestos…

Pasó la primavera y sus tulipanes; pasó el verano y sus frutillas silvestres. El otoño vino con el cascabel de hojas rojas y secas que tapizaban el horizonte, y llegó el momento de sacrificar el ganado que no sobreviviría el invierno.

Justo antes de la primera nevada, los hombres y las naves aparecieron como débiles siluetas. Bajaron de la embarcación menos de la mitad de los que habían partido y los que sobrevivieron eran apenas tenues fantasmas de lo que una vez fueron. La mujer de las llaves al cinto pidió a las otras que les abrigaran, que lavaran sus heridas y les dieran sopa caliente de pescado.

Entre los hombres que habían vuelto con vida no estaba su marido. Era cierto que ella no le había elegido, pero aprendió a amar sus ojos celestes, su cabello al viento, la inclinación de su mano certera, el dulzor que escondía su armadura de guerrero y el haberle hecho madre.

Después de pasadas las ofrendas, la fiesta del sjaund y el funeral, las estrellas arroparon el túmulo de piedras amontonadas como memoria de quienes fallecieron. La mujer de las llaves al cinto secó sus lágrimas. El clan y la granja la necesitaban más que nunca, aunque la mitad de su lecho continuara vacío.

A diferencia de mujeres de otras regiones de la Europa medieval, las mujeres vikingas, llamadas *"husfreyas"*, eran señoras de la casa. Incluso, después de casadas, seguían teniendo el dominio de sus propiedades sin tener que contar con la aprobación de sus maridos que, en general, se dedicaban a guerras y conquistas. Ellas fueron las encargadas de sostener en tierra la supervivencia de los clanes. Los arqueólogos han encontrado en muchas sepulturas femeninas las llaves de bronce, símbolo de poder entre los vikingos.

El fuego del acierto y del error

Érase una mujer a la que los cielos
se le posaron sobre la palma de su mano.

Cuentan que la mujer de los astrolabios nació en tiempos del Califato abbasita, en una ciudad blanca como el nácar, que se levantaba como un juego infinito de callecitas cruzadas en un hermoso laberinto de pasadizos y mercados: Alepo, acaso la ciudad más antigua de la que se guarde memoria.

El padre de la mujer de los astrolabios era un viejo astrónomo y matemático, que tenía mente y corazón siempre puestos en los alucinantes firmamentos de las noches del desierto. Solo los ojos de su pequeña hija lo conmovían tanto como las estrellas. En ellos, más que en ninguna otra constelación, encontraba la razón última del misterio infinito del universo; por eso, no dudó en enseñarle su oficio, sus saberes y ante todo, sus magníficos interrogantes.

Cuando la mujer de los astrolabios se hizo joven, emprendió un largo viaje junto a su padre hacia Bagdad: irían en busca del gran maestro Bitolus, el más diestro constructor de instrumentos de navegación cósmica.

Fue un largo viaje lleno de maravilla en el que se desviaron para conocer los finos cristales salinos del lago Jabbûl y refrescaron su sed en el legendario Éufrates.

—Los ríos de la tierra son como los ríos del cielo —le dijo la joven a su padre.

—Y los ríos de nuestros adentros iguales a los de la tierra —sonrió orgulloso el padre.—Bien lo sabes… la riqueza de las personas reside en sus búsquedas y no en sus pertenencias.

Después de mil kilómetros de camino cruzaron la cuarta puerta de Bagdad, la puerta de Siria. Padre e hija tenían la piel curtida y el alma palpitante.

Aún joven, Bagdad era el punto de intersección por donde todos y todo pasaba y por supuesto, pasaban también los sabios. Si bien su forma circular y sus avenidas radiales, edificios y templos de mármol, parques, jardines, y paseos públicos eran de una belleza extraordinaria, nada se podía comparar con La Casa de la Sabiduría, ni siquiera el gran palacio de la Puerta de Oro. En ella se podían encontrar las traducciones de los grandes sabios:

los griegos, los persas, los hindúes, los chinos, todos reunidos en un solo sitio para los tiempos.

Fue fácil encontrar al gran maestro Bitolus, que no solo era conocido, sino respetado. El maestro les acogió y así comenzaron padre, hija y maestro, otro intenso viaje, tal vez el más intenso de todos los posibles: el del conocimiento.

—Tendremos que profundizar en la trigonometría esférica —dijo el maestro.

—¿Qué buscamos en la trigonometría? —preguntó la mujer de los astrolabios.

—Poner el cielo en tus manos —contestó el padre.

Durante el día, la mujer de los astrolabios leía y tomaba atenta nota, buscaba pistas, datos, guiños, probaba y fracasaba sin perder su pasión. En las noches en que podía dormir soñaba con intensidad. Soñaba con viajes que nunca haría, soñaba con los sonidos del mar y del viento, con tierras jamás vistas y, desde luego, soñaba con las estrellas.

Pasados algunos años, la mujer logró la más alta maestría y exactitud en la construcción de los astrolabios: ya podían ser planos, circulares o esféricos; cada una de sus partes eran elaboradas con los más finos materiales, inscripciones de excepcional caligrafía y dibujos de animales fantásticos que los distinguían de tantos otros astrolabios hechos por otras manos en otras latitudes. Cada pieza era una obra de arte en la que viajeros y navegantes confiaban.

Cuando su padre hubo de partir a viajes a los que no podría acompañarlo, la mujer de los astrolabios puso en sus manos el más hermoso de sus trabajos: era de plata labrada con pequeñas incrustaciones de lapislázuli que había sido forjado en el fuego del acierto y del error.

—Buen viaje, amado buscador de estrellas, mi corazón va contigo.

Mariam al-Asturlabi vivió en el siglo X en Alepo. Fue una reconocida astrónoma, matemática y constructora de astrolabios, discípula de su propio padre y de Bitolus, maestro de Bagdad. Sus astrolabios, diseñados y hechos a mano, fueron de gran fama por su innovación y exactitud. Conoció y estudió la obra de grandes científicos griegos. Ella y su obra fueron registradas por Ibn al- Nadim, un erudito musulmán que dejó constancia de los ilustres alumnos de Bitolus. Como la mayoría de mujeres científicas, su nombre y sus aportes al conocimiento humano están en el olvido.

Soy tú

Érase una mujer que se encontró en los ojos de los otros.

Las abuelas cuentan que cuando nació la mujer de la danza del fuego, saludó a todos con su pequeña cabeza inclinada y un saludo reverencial.

—¡Nos saluda con un *hasta anjali!* ¡Está bendecida! Las buenas constelaciones así lo confirman —pronosticó jubilosa la tatarabuela.

Aún muy niña, la mujer de la danza de fuego fue ungida con aceite de sándalo y llevada a un pequeño templo magníficamente adornado, que sería en adelante su casa y su escuela.

—La primera lección tal vez sea la más fácil —le dijo la gran maestra del templo—. Mirarás el fuego hasta que el fuego te hable, pequeña…

—Así será, ¡oh, gran maestra!

La mujer de la danza de fuego se sentó desnuda frente a una hoguera, por días, en la soledad y el silencio. En la hora azul del noveno día, el fuego finalmente le habló en la hermosa y grácil armonía del movimiento de las llamas:

—Danza y danzante son inseparables en su esencia, como lo son la llama y el fuego. He ahí lo sagrado de tu oficio.

La mujer abrazó al fuego maestro de su interior y logró la precisión y la maestría en las danzas más antiguas, enseñadas desde los tiempos inmemoriales, como la celebración de la benevolencia de la vida y la eternidad del universo.

Llegó a danzar tan bellamente que conmovía hasta las lágrimas a todos los fieles que acudían al templo. Pero pronto llegaron los elogios y detrás de ellos, como una trampa, la vanidad.

—He logrado dominar todos los movimientos de la danza. Pies, manos y ojos son uno con la danza y el fuego. Es perfecto.

Al escuchar estas palabras, la gran maestra del templo le preguntó:

—¿Quién eres tú, oh, gran maestra de la danza del fuego?

—Soy eso… la gran maestra de la danza del fuego —respondió con un dejo de prepotencia.

—Veo que aún no has entendido quién eres. Has perfeccionado la ejecución de tu arte pero tu alma aún debe aprender de su esencia. Debes salir del templo y aprender quién eres… irás a una cueva a meditar y volverás en un año.

Así, la mujer de la danza del fuego se marchó a meditar en una cueva de las montañas. Cumplido el año, cuando ya llegaba el tiempo de los monzones, volvió a las puertas del templo y tocó.

—¿Quién es? —preguntó la portera del templo.

—Soy yo, ¿acaso no me reconoces? La aprendiz de la danza eterna del universo…

Al escuchar desde adentro, la gran maestra se acercó a la puerta y sin abrir le dijo:

—Veo que has aprendido de humildad, pero aún veo que no has aprendido quién eres… Vete de nuevo a meditar donde la senda de tu corazón lo indique.

Pero en lugar de irse a la cueva, la mujer de la danza de fuego se echó a andar por siete años, hasta llegar a una gran ciudad, donde por fin vio rostros de todos los colores y en ellos aprendió a reconocerse.

Finalmente, la mujer de la danza de fuego volvió a tocar las puertas del templo.

—¿Quién es? —preguntó la portera del templo.

—Soy tú —contestó la mujer de la danza del fuego.

Al escuchar desde adentro, la gran maestra del templo se acercó a la puerta y abriendo le dijo:

—Bienvenida a casa, oh, gran maestra de la danza del fuego.

Su arte fue tan sublime que se hizo leyenda entre quienes viajaban millas para verle. La mujer de la danza de fuego se hizo cada vez más una gran maestra, pues los ojos de los otros fueron espejos para ver su propio ser.

—Más allá de la mente y el pensamiento, está el Ser.

En la India milenaria, la danza es la encarnación física de la música, una ceremonia y un acto de devoción. La danza del Bharatanatyam se considera una danza del fuego, una manifestación mística del elemento fuego en el cuerpo humano. En tiempos inmemoriales esta danza fue practicada por las devadasi que eran consideradas bailarinas celestiales. Lejos de la significación de sus orígenes, tras la ocupación británica a la India y la prohibición de las *devadasi* en 1982, las niñas o mujeres son ofrecidas por sus familias como esclavas o "modernas" *devadasis* a templos dedicados a la diosa Yallamma por dos motivos principales: uno, porque se libran de una boca más que alimentar; dos, porque así evitan pagar la dote de una hija ante un futuro matrimonio concertado.

La primera noche

Érase una mujer de la que nacieron universos
con el soplo de su palabra.

Eran días de desgracia para el reino. El sultán estaba cegado por la ira y la desconfianza. Herido por la infidelidad de una de sus esposas, había decidido en su omnipotencia, desposar a una mujer cada día y decapitarla en cada amanecer.

Sus súbditos, perplejos, enmudecían ante tanta ignominia; el miedo les paralizaba y así, entregaron una por una a las doncellas casaderas en un número mayor a tres mil.

Una joven mujer, cansada de los lamentos en los amaneceres rojos de su reino, se ofreció voluntariamente a desposarse con el sultán. Tenía un plan para sosegar la fatal ira del soberano. Su padre, el gran visir y toda su familia, le rogaron que cambiara su decisión: su sacrificio sería en vano. Nada había en el mundo que amansara el dolor del sultán. Pero la joven mujer insistió con la convicción dispuesta:

—En la palabra reside la luz secreta que nos hace humanos.

La mañana de la boda, la joven mujer se levantó del lado derecho, con el pie derecho y tuvo gran cuidado de calzarse primero ese mismo pie: su vida pendía de un hilo. Entonces avisó a su hermana:

—Esta noche enviaré por ti y tú me pedirás que te cuente una historia. El resto, déjalo por mi cuenta. Nacerá en nuestro reino un nuevo tiempo en que el alba sea reservada para el canto de los pájaros, para las manos que preparan el pan fresco, para los poetas y el retozo feliz de los que se aman, para el jazmín y el rocío.

Y fue así como después de la boda la joven mujer pidió como último deseo que viniera a sus aposentos su hermana. Al llegar el momento, la joven mujer empezó a hilar con maestría la primera historia, la historia del mercader y el *efrit*...

—He llegado a saber, ¡oh, rey afortunado!, que existió un mercader de riqueza tan enorme que sus asuntos abarcaban incontables reinos. Un día, montó su caballo apeado lujosamente y salió para cierta ciudad donde sus negocios le esperaban. El calor sofocante le obligó a refugiarse bajo el amparo de la sombra de un gran árbol y aprovechó así el descanso para comer algunos dátiles cuyos huesos tiró a lo lejos. De pronto, apareció un enorme *efrit* que, espada en mano, le dijo al mercader: "Levántate para que yo te mate como has matado a mis hijos". El mercader repuso: "Pero, ¿cómo es que he matado a tus hijos?". "Al tirar los huesos de dátil has matado a mis hijos al herirlos en su pecho". "¡Oh, gran *efrit*! Soy un hombre de verdad y fe: déjame regresar a mi casa, pondré herencias en orden y volveré para que hagas de mí lo que quieras. Alah es fiador de mis palabras".

Así lo hizo el mercader en honor a su fe y a su palabra. Mientras esperaba al *efrit*, llegaron tres jeques. El primero con una gacela, el segundo con dos lebreles y el tercero con una mula. A los tres el mercader contó de principio a fin la historia.

Cuando llegó el *efrit*, el primer jeque, el dueño de la gacela, se dirigió hacia él diciendo: "¡Oh, gran *efrit*! Si al contarte la historia que me sucedió con esta gacela y te maravilla, ¿me recompensarías con el tercio de la sangre de este mercader?". A lo que el *efrit* contestó: "Si al contarme tu historia la encuentro maravillosa, el tercio de sangre de este mercader será tuya..."

La joven mujer dejó en el aire las palabras sin terminar al ver que el sol ya despuntaba en el horizonte:

—La noche ha pasado y la aurora avisa su llegada... mi destino está escrito. —le dijo la joven mujer al Sultán. Pero este ya no pudo resistirse, seducido por el arte de la palabra de la mujer:

—¿Cuál es la historia de la gacela de ese gran jeque? ¿Qué suerte acaso tuvo el mercader?

Y ella respondió:

—Si el gran sultán perdonase mi vida hoy, podría contar al caer la noche el final inesperado de esta historia, solo para él.

—Entonces —dijo el sultán—, así es mi voluntad. Vendrás esta noche con tus historias.

Y fue así como la joven mujer abrió mil y una veces, como cajas mágicas, universos llenos de palacios, de hombres ricos y mendigos, de lámparas y genios, de desiertos y fragantes jardines y doncellas que devolvieron a aquel cruel sultán, y a las gentes de su reino, el sagrado derecho de la alegría.

Algunos dicen que la joven mujer fue la esposa preferida del sultán y que tuvieron hijos. Otros en cambio, conocedores de la naturaleza de esta joven mujer, saben de sobra que su historia solo comienza la mañana siguiente de las mil y una noches.

Uno de los textos más apasionantes de la historia de la humanidad nos llega en la voz de una joven mujer, Scheherezade, narradora principal de *Las mil y una noches*. En un mundo *des-palabrado*, las mujeres han cuidado infinitamente la tradición y la memoria como una forma cierta de domesticar la fiereza humana, así como lo hiciera la inmortal Scheherezade.

En la casa de la memoria

Érase una mujer que dibujó en su piel
la memoria de los tiempos.

Cada día, la abuela le madrugaba al sol. Su casa siempre estaba concurrida y más aún cuando venían los tiempos de cosecha y gratitudes. Todos le tenían especial consideración, sus años le hacían sabia en las artes de la vida y de la muerte.

Antes de salir de su habitación, se vestía con un bello faldón tejido con vivos colores de franjas verticales y trenzaba sus cabellos con esmero, hasta arreglar su tocado en forma de serpiente enroscada.

El alma de la casa de la abuela residía en su hoguera de tres piedras: allí no solo se cocinaba a diario la magia pura de los alimentos, sino que debajo de ella estaban enterrados los ombligos de las mujeres que habían nacido de su vientre. El fuego de su casa nunca se apagaba, en él se conservaba su rescoldo después de cada día.

En los atardeceres, la abuela abría las puertas de la casa de la memoria, prendía la hoguera y quemaba copal para avivar el corazón de sus nietos que llegaban corriendo desde todos los rincones de la milpa. Era la hora más esperada: la de las historias. Cerrando los ojos, casi como cantando, la anciana les contaba historias como la de la gran abuela Ixmucané:

"En el silencio de la noche eterna, los dioses se reunieron para crear el mundo. Cuando nazca el nuevo día aparecerá la luz y con ella, la existencia.

— ¡Que así sea! —exclamaron— ¡Que del vacío nazca la vida!

A los primeros hombres los construyeron de piedra. Pero duros, como eran, no podían moverse.

—No sirven —acordaron los dioses.

En el segundo intento, probaron con lodo, pero con la primera lluvia se deshicieron.

—No sirven —exclamaron.

La tercera fue la vencida.

—¡Que de maíz sean! —y así fue.

Entonces apareció la abuela Ixmucané y molió las mejores y más tiernas mazorcas con las que hizo la carne para los hombres verdaderos, los hijos del maíz. De maíz amarillo y maíz blanco se hicieron los brazos y piernas del hombre. Únicamente masa de maíz entró en la carne de nuestros padres".

La abuela daba luego un largo suspiro y todo quedaba en un inquietante silencio. Cuando abría los ojos se encontraba con los de sus nietos, llenos de asombro.

—El Corazón del Cielo y de la Tierra habita en cada cosa que vive —les solía decir.

Un día, en el fondo de su cocina, encontró a un hombre con su mujer en brazos.

—Gran abuela, arde... ¡ayúdanos por favor!

La abuela se acercó y miró con ojos detenidos a la mujer. La olió. Pasó su mano sobre ella y sonrió aliviada.

—Todo estará bien —tranquilizó al hombre y preparó la receta de la cura a base de chacaj, chile, miel y jugo de tabaco, corteza de árbol de seda y maíz.

La abuela cerró sus ojos una noche, tal como ella misma lo había anunciado: con la tranquilidad del viento en una noche de verano. Como era tradición, su hoguera se apagó para siempre. Pero cuentan que al encender con sus historias otras hogueras, se puede escuchar su risa en el crispar de las llamas.

Las abuelas ocuparon un lugar central en las culturas mesoamericanas. Su palabra, experiencia y autoridad, eran atendidas cuidadosamente por todos. Si bien las madres eran las encargadas de dar el sustento y el alimento a los niños, las abuelas se ocupaban de su educación y de la conservación de la memoria y de las tradiciones.

Lo posible de lo imposible

Érase una mujer que conoció
el lenguaje secreto del universo.

La mujer vivía en lo más profundo del bosque desde aquel tiempo lejano de su primera memoria. Desde muy niña, aprendió con esmero a descifrar en el aire, el agua, la tierra y el fuego, el pulso que anima el espíritu de todo lo que vive.

A cada animal, árbol, planta y gema, la mujer podía llamar con nombre propio y le eran tan cercanos que podía aun distinguir el brillo de sus variables estados de ánimo.

La Luna y el silencio habían sido sus maestros más queridos. Le habían enseñado, por ejemplo, sobre el equilibrio sagrado que acuna el misterio de la vida y de la muerte.

—Se aprende que, aquello aparentemente imposible puede ser posible —le había susurrado el silencio.

—Danza al compás de la rueca del tiempo, danza y gira con gracia hasta escuchar en tu pecho su música infinita —le animaba la Luna llena.

El bosque era su casa y allí vivía feliz. Libre y feliz. Pero cuando hubo de entender, desde el centro mismo del misterio, los lenguajes del aire, el agua, la tierra y el fuego, sintió una extraña necesidad de entender el lenguaje del corazón humano y decidió partir. Siguió entonces el camino del río que le aconsejó:

—Aguas abajo encontrarás lo que buscas.

La mujer que vivía en lo profundo del bosque encontró, a dos días de camino, una aldea. Se escondió entre los árboles más cercanos y miró con un poco de cuidado, pues no eran buenas algunas de las cosas que había escuchado acerca de los hombres:

—Tienen un corazón sordo —habían dicho los ruiseñores.

—Matan sin tener hambre —habían advertido los lobos.

—Ensucian el agua que han de beber —habían sentenciado las serpientes.

—¡No todo puede ser tan malo! —había contestado su savia interior.

Su curiosidad finalmente venció a sus miedos y así, pudo llegar a la puerta de la aldea amurallada. Tocó tres veces el portón que se abrió a sus pies y entró. Los aldeanos poco a poco comenzaron a rodearla.

—¡Es la mujer que vive en lo profundo del bosque! Yo la vi en un claro de luna… ¡Apártense de ella! —dijo un hombre asustado.

—¡Nuestras ovejas desaparecen en la boca de las bestias! ¡Nuestras cosechas las cubrió el hielo! ¡Nos traerá peores males! —dijo una mujer agorera con piedras en la mano.

—¡Su belleza solo puede ser cosa de oscuros pactos! —gritó un hombre envilecido.

—¡Bruja! ¡Bruja! ¡Amárrenla!

La turba rodeaba a la mujer que vivía en lo profundo del bosque y lo fatal parecía inminente. Pero de pronto en medio del tumulto, apareció una mujer que angustiada lloraba con su hijo en brazos:

—Tú que vienes de lo profundo del bosque ¡Cúralo!... Míralo, tiembla, parece estar poseído...

La mujer que vivía en lo profundo del bosque miró a la mujer con su hijo y sintió por primera vez la punzada doble del dolor y el amor en su pecho.

—De esto se trata entonces —se dijo— de muerte, amor y vida... Tu hijo vivirá, mujer. Sacó de sus vestidos cerezas de belladona; le puso unas gotas en la boca al niño, que tras unos instantes, paró en su temblor y abrió los ojos.

La multitud conmovida guardaba un silencio de asombro que fue cortado de tajo por el grito enfurecido del sacerdote de la aldea:

—Todos ustedes han visto la prueba de las malas artes de esta mujer. ¡Atrápenla! Es más demonio que el demonio, puesto que lo ha vencido… ¡Quémenla!

Y así, la mujer que vivía en lo profundo del bosque fue puesta en una hoguera. Quienes tenían los ojos poblados de miedo la vieron arder y sintieron alivio. Quienes la vieron volar en medio de las cenizas, aprendieron también que aquello aparentemente imposible, puede ser posible.

Desde que la Iglesia Católica fue predominante en Occidente, todas las formas de conocimiento por fuera de su doctrina fueron perseguidas.
La brujería, la adivinación, la astrología y la magia fueron consideradas atroces crímenes de lesa majestad humana y divina, y a sus practicantes como herejes. Miles de hombres, pero sobre todo de mujeres, fueron sometidos a juicios sumarios y ejecuciones.

Mujeres con barba

Érase una mujer que vistió ropas de hombre
para descubrirse mujer entera.

Las mujeres se reunieron en la madrugada cuando aún las estrellas estaban en lo alto.

—¿Traen las barbas consigo? —preguntó una de las mujeres.

—También calzado, bastones y ropas de hombre, como acordamos.

Y contestaron en coro:

—¡Aquí estamos!

Las mujeres repasaron cuidadosamente, uno a uno, los pasos del plan que habían urdido para tomar en sus manos el gobierno de la ciudad:

—Para que acometamos esta audaz y gran empresa, hemos de vestirnos como nuestros maridos y entrar a la Asamblea tomando su lugar —dijo una.

—Debemos tomar asiento en la tribuna al frente de los pritánaos y preparar con cuidado el discurso y las arengas. No podemos fallar en la votación —dijo otra.

—¿Y cómo una Asamblea de mujeres con sentimientos femeninos podrá arengar a la masa? —preguntó una que iba llegando. La más sabia respondió entonces:

—Nada nos es más concedido por los dioses a las mujeres que la facilidad de la palabra. Yo misma hablaré por vosotras, me ceñiré la corona y este será el argumento infalible: ¿Quieren ciudadanos encomendar a otro el gobierno? Prueben entonces lo que nunca han probado. Mi opinión es que se debe entregar a las mujeres el gobierno de la ciudad. Yo les demostraré cómo las mujeres son infinitamente más sensatas que nosotros: fríen las viandas, llevan carga en la cabeza, amasan las tortas, gustan del vino y aman como antes. Y tal vez sea eso lo único que funcione bien en esta ciudad, perdida en la guerra y la corrupción. Al entregarles las riendas del gobierno, dejémoslas en plena libertad de acción: como madres, economizarán esclavos y administrarán con celo las provisiones. Nada como el ingenio femenino para reunir riquezas y nadie les podrá engañar porque ellas ya están acostumbradas a hacerlo.

—Por Afrodita… ¡pero eso no es cierto! No estamos acostumbradas a hacerlo… bueno, solo un poco —interrumpió una mujer.

—Es solo para darle credibilidad al personaje mujer, no te resientas y no invoques en la Asamblea a Afrodita o estaremos perdidas… Mejor prosigo: Así que no enumeraré las demás ventajas: sigan mis consejos y serán felices toda la vida, ya que son intendentes y administradoras de nuestras casas, ¿por qué no serlo de nuestra ciudad? —continuó ensayando su discurso la mujer sabia…

Y las mujeres cumplieron todo su valiente plan: vistieron las túnicas de sus maridos, calzaron los zapatos, sujetaron sus barbas y marcharon entonando alguna vieja canción campesina, presurosas para entrar en la colina de la Asamblea antes del amanecer.

Cuando sus maridos despertaron, no encontraron sus vestimentas ni a sus mujeres. Aquella mañana traía la inquietante noticia: ¡El gobierno de la ciudad ha sido dado a las mujeres!

Al llegar a casa, la mujer sabia fue interrogada por su marido:

—¿Dónde estuviste mujer? ¿Por qué vistes con mis ropas?

—He ido a ayudar a una mujer a dar luz; en medio de la oscuridad no tuve otra opción que tomar tus ropas —respondió la mujer sabia.

—¿Sabes que las mujeres tendrán el poder en el gobierno de la ciudad? ¿Qué harán acaso? —preguntó el marido intrigado.

—Seguramente todo será de todos: panes, pescados, pasteles, túnicas, vinos, coronas, garbanzos. Haremos de nuestra ciudad una sola habitación, derribaremos todas las separaciones, de tal modo que todos sean libres de circular por todas partes. Los pórticos y tribunales se convertirán en comedores. Y así gobernaremos —terminó de decir la mujer sabia a su marido.

—Mujer necia, y acaso, ¿qué provecho se obtendría de ponerlo todo en común?

—Que al final mi querido, todos estaremos invitados al banquete.

La exclusión de la mujer en la participación política es un tema tan actual como antiguo. En 392 a.C en Grecia, Aristófanes se atrevió a poner en tono de comedia la posibilidad de que las mujeres tomaran el poder en la misma ciudad donde les era negado hasta el ejercicio de la actuación: Atenas. Tal vez algún día, todos y todas estemos invitados al banquete.

La faraona que enloqueció

Érase una mujer que liberó pájaros encerrados en jaulas de oro.

La Faraona era la gobernante más temida del mundo conocido hasta ese entonces. Su ferocidad era leyenda y sus poderes en el arte de la guerra eran temidos aun por los más valientes ejércitos de hombres.

Cuando años atrás la Faraona subió al trono, fue vista con desconfianza por toda la Corte. Visires, sumos sacerdotes y escribas aceptaron a regañadientes su mandato, pues muerto el faraón, no había más heredero a la doble corona que ella, su viuda.

—Es de mal presagio que una mujer tome el lugar del faraón —argumentaba el visir.

—¡Es síntoma inequívoco del final de una dinastía! —exclamaba muy exaltado el sumo sacerdote.

Así que desde que subió al trono, la Faraona se ocupó de ganar el respeto de la Corte: vengó a su marido y ordenó la ejecución de todo sospechoso. No tuvo piedad ni de su propia familia. Se vistió de hombre. Incluso, se puso la barba postiza que distinguía al faraón.

Contrario a los pronósticos de la maleable Corte, el reino creció hasta ser un imperio de grandes territorios y las riquezas iban en aumento gracias al miedo y a los tributos con que los ejércitos de la Faraona doblegaban a cada nueva comarca conquistada.

El poder supremo parecía imperturbable, infinito, y su gracia y voluntad eran leyes en los territorios del Nilo y cientos de millas a la redonda.

—Tal vez y al final de todo, estaba destinada a ser una buena gobernante —decía la Corte en coro en los corrillos del Palacio.

—Todo gobernante tiene algo de tirano —afirmaban sin sonrojo.

Pero sucedió entonces lo impensable. Tras la más victoriosa y sangrienta de sus campañas militares, la Faraona, hastiada de poder y de sangre, se encerró en sus aposentos.

—¡Salgan todos! —gritó.

Pasaron uno, dos y tres días con sus noches y la Faraona no daba señales de salir.

—Hay que pensar en un sucesor de inmediato, está en juego la estabilidad del imperio. No sabemos lo que podría pasar ¡Ya decíamos que era una mujer! —murmuraba la Corte en los pasillos.

Sin embargo, en el alba del cuarto día, la Faraona salió. Había dejado de vestir sus atavíos masculinos. Se dirigió a las jaulas de oro donde estaban las más bellas y exóticas aves y les abrió las puertas…

—¡Vuelen libres! —dijo la Faraona.

—Es una más de sus extravagancias —decían los cortesanos ya alertas.

—Abran también las puertas del palacio, que el banquete sea para todos —ordenó la Faraona.

—Su alteza ¿tendremos una fiesta? ¿Hacemos la lista de invitados? —preguntó la Corte intrigante.

—¡Dije para todos!… Necesito a los escribanos para que tomen atenta nota, desde hoy quien tiene más, aportará más, como es debido… Proscrito queda derramar la sangre de los otros en razón del poder —proclamó la Faraona.

—¡Oh, qué gran tragedia, la Faraona ha perdido la cordura! —La hipócrita Corte se rasgaba las vestiduras—. Está totalmente alterada, ya sabíamos que su constitución como mujer era frágil.

Poco se sabe de los posteriores sucesos. Dicen que la Faraona fue encontrada muerta y después enterrada en una tumba sin nombre. La Corte declaró el final de la dinastía y el destierro de la Faraona de la memoria de la humanidad.

A pesar de que se sabe que en el Antiguo Egipto existieron reinas faraonas, se cuenta con poca documentación y certezas. En torno a muchas de estas reinas faraonas, persiste la controversia en cuanto a si fueron coronadas o no con plenos derechos reales, aun cuando en sus representaciones se les ve portando el *uraeus* y la barba postiza, típicas de los faraones. Para el acceso al poder, las mujeres han tenido que copiar las formas masculinas y cuando han intentado salir de los esquemas patriarcales se les ha declarado "locas". ¿Qué tal si algún día intentamos una bella locura?

La danza de la luna roja

Érase una mujer que danzó con la luna de sus adentros.

La chica corrió a la casa de su abuela con una pluma de águila en sus manos para darle la gran noticia: sus lunas comenzaban. La abuela sonrío apacible mientras cortaba sus largas trenzas y le dijo:

—Ahora eres dadora de vida, es tiempo de contarte las historias que hermanan al vientre de las mujeres con la danza de la luna roja. Estarás a mi lado hasta que inicie tu próxima luna, día en que volverás a todos como mujer florecida.

La chica asintió feliz, era un evento esperado con esa alegría indescriptible que nace de las entrañas. La abuela guio a la chica hasta un lugar apartado en el bosque en donde le enseñó a poner su sangre sobre musgo fresco.

—Lo que muere da a luz. Lo que muere alimenta a quienes viven y habrán de vivir.

Y allí la dejó sola por un largo tiempo, para que pudiera hablar con su voz interior.

—Solo escuchando nuestra voz interior estaremos cerca de nuestro propio conocimiento. Afila tu intuición, siente el pulso de tu sangre y entenderás el significado genuino de lo sagrado.

La chica en soledad se encontró de pronto consigo misma, se abrazó con generosidad, sonrió, recorrió su cuerpo con sus manos de lirio. Sus formas cambiaban, se hacían redondas como redondas son las formas de la tierra; sintió que se expandía como la luz del alba y la mañana, como de la luna y de la noche se sintió hermana...

Pasada su primera luna, la chica y la abuela ayunaron y hablaron largamente por días. No había preguntas prohibidas, no existían saberes escatimados.

—Tu vientre es mucho más que el cuenco maravilloso en el que yacen las semillas que han de germinar. Honra el ser mujer, honra tu naturaleza.

—¿A qué te refieres, abuela? —preguntó la chica.

—En cualquier cosa que te propongas, que tu vida cuide la vida —dijo la abuela. —En la semilla que asoma sus hojas entre la tierra, en el alimento que llevas a la boca, en el aire que pasa por la caña y se vuelve melodía, en la memoria de tu palabra… en el hilo de algodón que se vuelve manta… en los designios que señales para la tribu…

Al iniciar la segunda luna de la chica, la abuela corrió a la puerta de la madre de esta. Era el día del gran festejo. La madre fue en busca de su hija junto con otras mujeres de la tribu. Al atardecer, la joven mujer fue bañada con flores y con aceite fresco de lavanda. La madre orgullosa la vistió de blanco. La miró y dio un suspiro:

—Eres hija de la vida…

Todos en la pequeña tribu se juntaron para el festejo, era un gran evento que nadie quería perderse. La chica al centro, junto a la abuela, era saludada por los invitados que no desaprovechaban para pedir una hebra de cabello de las trenzas cortadas de la chica para la buena suerte.

El padre se levantó y cantó una canción sin palabras, como un viejo arrullo de ojo de agua que dejaba lágrimas conmovidas. Al finalizar, invitó a comer lo que quisieran, era una fiesta de abundancia. Las flautas de hueso y los tambores abrieron paso al baile.

Al amanecer la chica fue llevada por los campos para esperar así una gran cosecha.

—¡Ven a nuestro sembrado! —le pedían— ¡Bienvenida eres!

El último día de la segunda luna de la chica, todas las mujeres se reunieron a su alrededor, a la luz de la hoguera y dibujaron sobre su vientre filigranas suaves para la fertilidad.

La chica creció y un día se encontró abuela. La vida había dejado en su bello rostro surcos como arados de siembra provechosa. En su boca, la vida le había regalado el don de la palabra que como rica savia surgía de sus entrañas.

—La vida es buena —les decía a todos—, la vida es buena...

En la antigüedad, para los celtas, los egipcios, los maorí, los primeros taoístas, los tantristas y los gnósticos, la sangre menstrual llegó a tener un carácter sagrado. En algún momento de la humanidad, asociado con el patriarcado y la religión, la menstruación comenzó a tener un carácter vergonzoso, sucio y oculto para las mujeres, lo que creó una evidente ruptura de su propia naturaleza.

En la actualidad, sobrevive en pocas culturas el rito de iniciación de la menstruación como un festejo de gran alegría, memoria viva de la extraordinaria conexión entre las mujeres y los ciclos del universo. Los apaches en los Estados Unidos, los *aiary* en Brasil, los *tiv* en Nigeria nos insisten en ello.

Lucy

Érase una mujer que vivió bajo un cielo con diamantes.

La mujer bramó largamente durante el parto, su cadera era algo estrecha. Dolía… y sin embargo era hermoso. Al final del chapoteo, de las aguas de su vientre nacería su cría. Primero cabeza, después hombros, finalmente piernas. La mujer tomó a su cría en sus manos, la limpió y con la ayuda de un hueso, partió el cordón umbilical. Era un machito.

Los ojos de la mujer estaban acuosos de júbilo, llenos de un amor inédito. Olió a su cría y la llevó a su pecho para que empezara a mamar. Los demás miembros de la familia la recibieron con saltos, gestos y ese sonido gutural que tan bien trasluce la alegría. La nueva cría era de todos, ¡crecía la manada!

Pero los tiempos de secas se aproximaban y había que moverse rápido a lugares más amables. Desde que el sol apuntaba desde el Este hasta que se despedía en el Oeste, todos buscaban algo de comer. Apenas se repuso la mujer, ya erguida tomó a su cría en brazos y se echó a andar por la sabana.

El mundo innominado, por el que viajaba, aun no tenía más límites que el día y la noche. La mujer gustaba de los frutos azucarados que guardaba para su pequeña cría y de los atardeceres, cuando era el tiempo dulce para hacerse cariño, despiojarse uno al otro y ver cómo el sol naranja marcaba el ocaso. Por las noches, la brisa fresca les arropaba los sueños.

De vez en cuando no faltaba alguno que otro sobresalto de peligro. Pero la mujer era hábil caminando y había guardado con celo la agilidad de trepar hasta la copa de los árboles más altos.

Un día, buscando brotes frescos, la mujer se acercó a un espejo de agua en el remanso de un río. Se miró con calma entendiendo que el reflejo era ella misma. Le sonrió, le saludó, le fue amable y por un instante, al verse, comprendió cuán poderosa, libre y hermosa era. Recorrió su alrededor con la mirada conmovida y extasiada, y corrió a buscar a las otras mujeres de la manada para contarles, con ese lenguaje misterioso que impregna la memoria, el secreto más importante guardado por las mujeres desde entonces hasta ahora:

—Somos poderosas, libres y hermosas cuando le sonreímos a nuestro reflejo en el espejo de agua del río de la vida.

Entre suaves arrullos, la mujer un día se fundió con la tierra y durmió por millones de años hasta que unos ojos llenos de admiración descubrieron sus huesos:

—¡Salud, primera mujer! —le saludaron desde otros tiempos en los que los hijos de los hijos de los hijos de aquella mujer no llevaban ya pelos en sus cuerpos y eran más grandes de tamaño y de cerebro.

Los huesos generosos de la mujer contaron a los hombres historias insondables, como luces en el camino de regreso a los orígenes más profundos. Historias de calcio bajo un cielo de diamantes, relatos de silicio y granito que cuentan la vida de épocas en que aún los desiertos eran las verdes sabanas que dieron origen a las primeras mujeres y los primeros hombres.

El 24 de noviembre de 1974 una expedición, encabezada por los paleoantropólogos Donald Johanson y Tom Gray, descubrió en Hadar, Etiopía, el esqueleto casi completo de uno de los más antiguos predecesores del humano moderno. El esqueleto pertenece a una hembra de la especie *australopithecus afarensis* y data de 3,2 millones de años de antigüedad. Los hombres que encontraron los huesos de la mujer la nombraron Lucy, porque en el momento de su hallazgo estaban escuchando la canción de The Beatles, *Lucy in the Sky with Diamonds*.

Madre nuestra

Érase una mujer que mantuvo siempre vivo su telúrico corazón de fuego.

Érase una mujer nacida del canto cósmico, ese que ordena y hace bello el caos del misterio profundo que encierra lo que no vemos.

Érase una mujer ataviada de luz, esencia pura, materia pura, de entrañas de estrellas hecha.

Érase una mujer danzante de un tiempo sin principio ni fin, alquimista viajera que llenó el cuenco de la nada con su urgencia de ser.

Érase una mujer tan fecunda que en sus adentros cabían todas las criaturas. Ballenas y colibríes, maizales y baobabs, musgo y océanos; mariposas y serpientes, hombres y mujeres y todo aquello que respiraba y tenía vida, nacía de ella y a ella volvía, como en un abrazo infinito que todo lo recrea de nuevo después del final.

Érase una mujer-madre total, a la que mujeres y hombres nombraron con sus primeros sonidos: *Ot, Gaia, Durga, Deví, Amalur, Maya, Párvati, Umai, Danu, Nerthus, Mari, Coatlicue, Ñuke Mapo, Tonantzin, Atabey, Pacha-*

mama, Diosa Madre, Madre Tierra... aún se escuchan desde el eco de los primeros días de las calendas humanas.

Sin embargo, envanecidos por los espejismos, algunos olvidaron el sentido del nombre de la Madre Tierra y, así, el de su propia existencia.

—El hombre es el ser supremo sobre la tierra. La razón nos hace superiores y, por lo tanto, todo lo que hay en el planeta está para suplir nuestras necesidades, es decir nuestros beneficios —dicen en su arrogancia quienes canjearían agua por oro, pan por acero, selva por cemento, semilla por veneno, vida por petróleo.

—Que suenen máquinas, que crezcan ciudades y autopistas, que se elimine todo aquello que no se pueda vender.

Perforar, talar, asfaltar, fumigar son verbos que se vuelven balas en sus bocas. Corazones necios que olvidaron la maravilla del brillo de las luciérnagas, enceguecidos por el brillo de oropel del dinero en los bancos.

Así como muchos olvidaron el sentido de su nombre, otros aún la escuchan, le cantan, la celebran y también lloran las heridas de sus adentros.

—No todo está perdido. La tierra no tiene fronteras para sus hijos, es madre de todos... somos hermanos, somos familia... curar, curar...

Y prenden palo santo, tocan tambores en su nombre, retan en calles, plazas y parlamentos a esos hombres atroces, de alma mustia, que juegan en un malabarismo de muerte con el mañana.

Érase una mujer agobiada pero que no se rinde. Que cree en cada hijo suyo como un santuario, un pequeño milagro que palpita como prueba de que el amor todo lo puede y todo lo cura, así como bien ha enseñado a sus hijas.

Érase una mujer que a todos nos alimenta desde los tiempos de los orígenes, que nos contiene como una gran *mamushka*... nuestra madre, nuestro hogar.

No es coincidencia que todas las culturas ancestrales hayan encontrado femenina y maternal a la tierra en que habitan, pues existe un hilo biológico y espiritual indestructible que nos une a ella y nos hace parte de un todo que nos pertenece y al cual pertenecemos, como parte de la crianza y el respeto por la vida.

La Madre Tierra ha cuidado de los hombres como una buena madre cuida a sus hijos por milenios. Pero los hombres han roto el equilibrio de la vida poniendo en peligro la pervivencia de todos los seres que habitan el planeta. Queda una acción urgente para preservar este punto de luz, nuestra casa en el universo.